MONEDAS Y BILLETES
COINS AND MONEY

DIEZ CENTAVOS
DIMES

ROBERT M. HAMILTON
TRADUCIDO POR ANA MARÍA GARCÍA

PowerKiDS
press.

New York

Published in 2016 by The Rosen Publishing Group, Inc.
29 East 21st Street, New York, NY 10010

First Edition

Editor: Katie Kawa
Book Design: Katelyn Heinle
Spanish Translator: Ana María García

Library of Congress Cataloging-in-Publication Data

Hamilton, Robert M., 1987-
 Dimes! = Diez centavos / Robert M. Hamilton.
    pages cm. — (Coins and money = Monedas y billetes)
Parallel title: Monedas y billetes
In English and Spanish
Includes bibliographical references and index.
ISBN 978-1-4994-0683-2 (library binding)
1. Money—Juvenile literature. 2. Coins—Juvenile literature. I. Title.
HG221.5.H26 2015
332.4'043—dc23

CONTENIDO

CONTENTS

Los *dimes* son monedas.
Utilizamos las monedas para comprar cosas.

Dimes are coins.
We use coins to buy things.

6

Un *dime* son 10 centavos.
Un *dime* es igual a 10 *pennies*.

- -

One dime is 10 cents. One dime is the same as 10 pennies.

Si tienes dos *dimes*, ¿cuántos centavos tienes? Dos *dimes* son 20 centavos.

If you have two dimes, how many cents do you have? Two dimes are 20 cents.

9

¡Hay 10 *dimes* en un **dólar**!

There are 10 dimes
in one **dollar**!

El *dime* es la moneda más pequeña de Estados Unidos. Todas las monedas están hechas de metal.

The dime is the smallest coin in the United States. All coins are made of metal.

**DIEZ CENTAVOS
DIME**

**UN CENTAVO
PENNY**

**CINCO CENTAVOS
NICKEL**

**VEINTICINCO CENTAVOS
QUARTER**

**MEDIO DÓLAR
HALF-DOLLAR**

En la parte delantera del *dime* hay un rostro de hombre. Es el Presidente Franklin D. Roosevelt.

The dime has a man's face on the front of it. This is President Franklin D. Roosevelt.

En la parte de atrás del *dime* hay una **rama de olivo**. La rama de olivo representa la paz.

The dime has an **olive branch** on the back of it. The olive branch stands for peace.

En la parte de atrás del *dime* hay una **rama de roble**. La rama de roble representa la fuerza.

The dime has an **oak branch** on the back of it. The oak branch stands for strength.

En la parte de atrás del *dime* también hay una **antorcha**. La antorcha representa la libertad.

The dime has a torch on the back of it, too. The **torch** stands for freedom.

Esta pelota vale 50 centavos.
¿Cuántos *dimes* son?

This ball is 50 cents.
How many dimes is that?

PALABRAS QUE DEBES APRENDER
WORDS TO KNOW

(un) dólar
dollar

(la) rama de roble
oak branch

(la) rama de olivo
olive branch

(la) antorcha
torch

ÍNDICE / INDEX

SITIOS DE INTERNET / WEBSITES

Due to the changing nature of Internet links, PowerKids Press has developed an online list of websites related to the subject of this book. This site is updated regularly. Please use this link to access the list: www.powerkidslinks.com/cam/dime